곽진희 시집

나는 밥이다

마을

빛나는 시정신을 꼼꼼하게 엮어내는 — 마음

- 강릉 출생
- 상지영서대학교 사회복지과 졸업
- 가톨릭관동대학교 미디어문학과 졸업
- 2010년도 『문학시대』로 시 등단
- 한국문인협회 회원
- 평창문예대학 하서문학 회원
- 관동대학교 평생교육원 문학창작반 회원
- 평창교육청 온마을 선생님
- 진로체험지원센터 멘토

곽진희

나는 밥이다

곽진희 시집

1판 1쇄 인쇄/ 2017년 9월 10일
1판 1쇄 발행/ 2017년 9월 15일

지은이 / 곽진희
펴낸이 / 성춘복
펴낸곳 / 도서출판 마음

등록‖1993년 5월 15일 제3001-1993-151호
주소 03073 서울 종로구 성균관5길 39-16
전화‖(02) 765-5663, 010-4265-5663

값 12,000 원

*잘못된 책은 바꿔 드립니다.

ISBN 978-89-8387-294-4   03810

푸른 시와 시인

나는 밥이다

곽진희 시집

마을

· 격려의 말

집념과 노력의 소산

河書 金時哲
(전 국제 PEN 회장)

 문학은 끈질긴 집념과 노력이 따르지 않으면 이뤄내기가 힘든 학문의 길이다. 얼마나 노력하느냐에 따라 종착역 없는 문학의 길에서 성패가 가름되는 만큼, 그에 따른 행보는 어디까지나 자기 몫이 될 수밖에 없다.
 곽진희 시인은 내가 운영하는 문학교실 '평창문예대학'의 핵심멤버 중 한 사람이다. 수년 전 『문학시대』지의 신인상을 받으며 등단한 그는, 오늘에 이르기까지 극성스러울 만큼 나이답잖은 노력을 기울이며 그 집념을 불태워 온 사람이다.
 그의 작품 소재는 보다시피 멀리에 있지 않고, 주변 일상사가 주류를 이룬다. 흔히 있을 수 있는 삶의 테두리에서 소재를 얻는다는 것은, 그만큼 체험을 통한 문학성을 추구한다는 뜻도 된다.

한 술에 배 부를 수는 없는 것이 문학이다. 갈고 닦고 세월을 새김질하는 가운데 키워지는 것이 문학이 지향하는 바 갈 길인 만큼 그런 점에서 본다면 곽진희의 시는 완숙보다는 반숙이요, 그것이 오히려 더 미래지향적 행보의 든든한 과정이 될 것이다.
 늦깎이에 만학의 꿈을 이루어낸 그의 배움의 길은 좀체 찾아보기 힘든 남다른 집념일 뿐만 아니라, 앞으로 시업(詩業) 또한 넉넉히 그에 뒤처질 리 없다고 보는 것이, 이 스승이 보는 견해이다.
 몇 년 동안 써 온 작품들을 일단 정리하고 넘어가려는 이번 첫 시집 『나는 밥이다』의 출간을 진심으로 축하한다.

2017년 7월
平昌 空心山房에서

시인의 말

끝없는 시작을 쉼 없이 하는 것은
살아있다는 몸부림이다
마음의 껍질을 한 겹 두 겹 벗길 때마다
토실토실 속살 돋아나 영그는 알곡으로
창고를 채우려고 노력한다
세포타래 쏟아낼 것 같은 목마름으로
시어를 찾아 머릿속 푸른 바다를 헤매다가
빈손으로 나오는 허무함이 어딘가
늘 부족하게 살아가는 허기진 나날이다
용광로보다 뜨거운 사랑
자식에게 모두 주고 밥이 되어도 행복한
정답 없는 현실
잘 쓰는 시보다 진솔하게 쓰라 가르치시는
하서 선생님께 감사드리며
이 책을 읽는 여러분과 교감하고 싶다.

2017년 7월

저자 곽진희

· 격려의 말 — · 김시철
· 시인의 말 — · 저자

1. 끝없는 시작

지우개 — · 14
팔당댐에 흐르는 야경 — · 16
주부의 존재 — · 18
만학도 — · 19
별들의 평화 — · 20
끝없는 시작 — · 21
손주 보육 — · 22
허리 교정 — · 23
옹알이 — · 24
나도 밥이다 — · 25
야옹이와 불곰의 키 재기 — · 26
느림의 미학 — · 28
고목(古木) — · 30
흔적 — · 32
이별의 무게 — · 34

2. 꽃샘추위

첫 생리 하던 날 ― · 38
고무밴드 ― · 39
꽃샘추위 ― · 40
바이올린 웃음소리 ― · 42
나는 ― · 43
이별 ― · 44
대화 장날 ― · 46
아홉 살 자존심 ― · 48
제주 돔 하우스 ― · 50
요양원에서 ― · 52
풍경이 있는 지하철 ― · 54
낮술 ― · 55
술이 술 먹던 날 ― · 56
콩 ― · 58
미다스 손 ― · 60

3. 허브나라

해송 — · 64
메아리 — · 65
삼대(三代) — · 66
거울 — · 67
더위사냥 — · 68
땅굴 — · 70
허브나라 — · 72
2박 3일 — · 74
그리운 잔소리 — · 76
경의선 숲길 — · 78
성인봉 — · 79
울릉도 — · 80
요양원에서 · 1 — · 81
요양원에서 · 2 — · 82
출산 — · 83

4. 홀로 가는 길

약속 — · 86
장례식 — · 87
홀로 가는 길 — · 88
떨고 있는 단풍잎 — · 90
측량 — · 92
여행 — · 94
동해안 섬 — · 95
암을 물리친 산 — · 96
가을 설악산 — · 98
사윗감 — · 99
빈집증후군 — · 100
다문화가정 — · 102
감 — · 104
지하철 — · 105
상생 — · 106

5. 여우비

벚꽃 ― · 108
메달나무 ― · 109
빛의 흐름을 따라서 ― · 110
소나무 옷 담쟁이 ― · 112
겨울 창 ― · 114
특혜 받은 뱀장어 ― · 115
팽이 ― · 116
우통수를 찾아서 ― · 118
시소놀이 ― · 119
아소산 ― · 120
세탁기 ― · 122
모자 ― · 123
상처 ― · 124
홍시 ― · 125
축복이 ― · 126
여우비 ― · 127

1.
끝없는 시작

지우개

"아줌마 나 우리 집에 데려다줘
배 고파 엄마한테 갈 거야."

아흔넷 어머니
떼쓰듯 하는 통사정이다

연필에 침 발라 쓰시던
그 옛날 시절은 아직도
생생히 살아 숨 쉬는데

방금 드신 식사
지우개가 다 지우고 지나갔을까
나더러 엄마랬다 아줌마라 하신다

황후 같던 안방 시어머니
코흘리개부터 변함없이
쪼르르 이르던 반백의 아가씨

보자기로 접어 만든 앞치마에
가득 채운 산나물로
허기 채우던 시집살이 끝났건만

시동생과 자식들 치하 받을 날
빈 껍질만 두고 어디로 가셨을까

지우개가 머리를 스칠 때마다
젊어지는 샘물 마신 아이가 된다.

팔당댐에 흐르는 야경

물그림자 들어와 찰랑거리는
미사리 카페 야경

팔당댐 깊은 곳에 홀로
밤마다 거꾸로 매달려
집 나간 서방님 돌아오길 기도하는
용궁 여인

잡은 고기 집에 두고
놓친 고기 잡으러 나간 '열애'
방랑자의 심장을 쏘아버린 황진이

카펫을 적시는 현란한 음악
뚫린 가슴 채워주는
향기 있는 차 한 잔에
녹아버린 나그네

구름타고 바람처럼 떠난 님
기다리고 기다리다 지쳐서
흐르는 물결에 쓸려 사라진 여인

힘 빠지고 주머니 비어 들어온 물속
용궁 물고기 사라진 벌판.

주부의 존재

나를 밥으로 알고
반찬 투정만 늘어가는 가족들

쉰 반찬이 되어버린 머리카락
싱크대 앞에서 늘어난 무릎 부종

매일 치솟는 밥 힘이지만
우유와 빵에게 잃은 고마움

오늘은 찬밥도 찰밥도 아닌
화려하게 양념한 반찬이고 싶다.

만학도

둑으로 가두어놓은 논
물과 빛을 받으며 자란 벼

황금 들녘으로 변하는 가을
숨어도 옥으로 티 나는 피

알곡 따라 숙이려는 고개가
나이로 웃자란 키

결실까지 영글어가는
강의실 외톨이 만학도
벼 사이에 뿌리박은 엉덩이.

별들의 평화

주말이면 밤마다
피어나는 평화의 별

나를 향한 빛인가
어둠을 밝히는 별들일까

텅 빈 지옥을 비추고
천국까지 따라가는 LED별빛

달빛을 이겨낸 샛별
해님에게 사라지는 축제의 별.

끝없는 시작

사각모 던지고
하늘 높이 뛰며 찍던 사진

현모양처 꿈꾸며
새로운 인생을 기대했던 결혼사진

퇴직 후 찾은 자유로
멋진 노후 준비하는 회갑사진

힘겨움의 졸업인 줄 알았지만
더 큰 문제가 입 벌리고
나를 기다린다.

손주 보육

깜찍한 손녀가
어린이집에서 돌아오면
안 되는 말을 눈동자로 풀어 놓는다

맞장구치는 할머니

더욱 신나서
발 동동 구르고 손뼉 치며
눈 깜빡거리며 옹알이로 이른다

주말이면 상봉하는 엄마 아빠

모서리를 치면서
기저귀 달고 오리걸음으로
옹알거리다 가짜 울음까지 짓는다

듣고 보는 사람마다 다른 번역기.

허리 교정

기둥이 휘었다고
이순에 진단받던 날

거울 앞에 서보니
육탈진 허리
힘겹게 버티는 어깨와 엉덩이

일하며 위로받고
일하며 위로하고
일에서 보람 찾던 일중독자

지붕 구들장 툇마루
부서져 무너지기 전
튼튼한 기둥 되찾은 집수리였다.

옹알이

갓 돌 지난 손녀
할 줄 아는 말 한마디

'저거' 하면 온 가족
시선이 따라가는 검지 끝

안방 파헤치고
건넌방 뛰어가며 또 '저거'

잭패쳐도 잘했다 칭찬
격려의 박수 쳐주니

정말 잘하는 줄 알고
구석구석 파헤친다.

  *잭패/잭패질: 말썽부림(강릉 방언)

나도 밥이다

어머니는 나의 밥이다

나에게 밥을 가장 많이 지어주신 분
나에게 야단을 가장 많이 치신 분
가슴에 대못을 내가 제일 많이 박아드린 분

세상에서 가장 매듭이 많고
세상에서 가장 밉지만
세상에서 가장 존경스런 분

된장 고추장 김장 목숨까지
내가 달라면 모두 주시는 분
그래서 나에게 밥이다

내 딸도 나를 밥으로 안다.

야옹이와 불곰의 키 재기
- 오누이

야옹이와 불곰이 하는 공부
각자 다른 전공 취미

쥐띠 고양이 누나
이곳저곳 찾는 낭만고양이
엑기스만 찾아 사냥한 모자이크

미련 곰탱이 호랑이띠
이것저것 한데 모아 분리수거
온 세상 뒤져 만든 작품

열두 가지 띠에서
허리띠 머리띠 하겠다
할퀴는 야옹이와 곰탱이

지혜로운 뱀 중재자

구렁이마냥
은근슬쩍 구불구불
잘도 속아주는 아버지.

느림의 미학

나 어릴 적 어머니
쓰리잡 전문직 여성

삼베 이불 옷 세탁, 제조업
제사 잔치 생일 상차림, 요리연구가
며느리 아내 엄마, 가사도우미

아날로그 뜨던 직종
눈치 솜씨 노동 평가절하
디지털 3D업종 무제자(無弟子)

일하려고 태어나
꾸지람 속 반평생 일하시고
진리에 순복하고 가신 장인(匠人).

  *쓰리잡: 세 가지 직업

일하려고 태어나
극지함 속 반평생 일하시고
진리에 순복하고 가신 장면
— 느림이 미학

고목(古木)
- 아버지

툇마루 옆
은행나무 한 그루
내가 태어나기 전부터 서 있다

비도 눈도 햇빛도 막아주고
철새 바람 매미 불러
아름답게 들려주던 오케스트라

수시로 오르내리며 나무 등 타기
나뭇가지 잘라서 놀던 칼싸움
노랗게 익은 은행
장대로 털면 하얀 속살 보이던
육남매의 놀이터

모두가 떠난 지 십 수 년
오랜만에 찾은 고향집

주저앉은 툇마루
길 잃은 마당에 말라버린
잡초 사이로 내미는 새 생명들
한결같은 숨소리로 흔드는 은행잎

상처 입은 기둥에 남은 자국
삭은 나뭇가지
골다공증 걸린 은행나무.

흔적

보릿고개
굶어 일하던 길

현금 만지려고
지게 지고 다니던 길

새끼들
배불려 보내던 학교길

아버지 이마
굵은 세 줄 고생길

세월 숫자
큰길에 셀 수 없이 생긴 잔길

오늘 만든 안전길
보물이 데려온 보석 상처 날까봐

주름이 자리 잡은 얼굴
언제나 웃으며 반기는 온화한 흔적.

이별의 무게

무너졌다 태산이

왕산에서 가마 타고
성산다리 건너 튼 둥지
늘어나는 숟가락
벽옥혼 지나도록 파란 세월

산마루 깔딱고개
동서풍에 찌든 철쭉
봄마다 찾아오는 폭군 낙석
크고 험해도 미워할 수 없는 산

때론 목석, 어느 날은 맹수
가끔은 사탕 같은 입버릇
이혼으로 건너자던 성산다리

장송곡을 부르며 건너는
다시 못 올 성산다리
태산이 무너지니
헤매는 협곡

슬픔도 태산.

 *시숙님 장례식을 마치고.

2.
꽃샘추위

첫 생리 하던 날

여인이란 붉은 사인 받고
한 겹 껍질 벗는 꽃송이
여고 입학 선물로 온 손님과
이불 속에서 뒹굴던 한나절

귀찮은 갈래머리
어머니 손에 이끌려
아픈 배 움켜쥐고 따라간 진료실

능글거리는 남자 의사선생님
늦은 꽃 도장이 유난스럽다며
건네는 거북스러운 축하

생리통은 병원에 버리고
삼 교시에 들어간 교실
초록은 동색이라 달려드는
하얀 칼라 날갯짓.

고무밴드

젊어서
늙지도 죽지도 않는
피닉스가 되는 줄 착각

부모님 댁 보살펴 드렸더니
리모델링 후 내가 들어가
나를 보살피는 자식

사라지는 꽃 다시 피는 꽃
당겼다 놓으면 그 자리
고무밴드

한 세대가 가면
부르지 않아도 오는
순환역.

꽃샘추위
- 면접

지축을 흔들며 열리는 아침
겨울내 덮어준 흙을 뚫고
내미는 머리

능개승마 민들레 냉이
얼음모자 벗고 나온 약초
기다리는 간택

높은 그곳 당신 입김
바라만 보아도 된서리
피우지 못한 꽃

꽃샘추위 맞은 잡초
곁가지 자라 피운 선명한 꽃
튼튼한 뿌리.

능마승마 민들레 냉이
얼음모자 벗고 나온 얼굴
기다리는 간택

높은 그곳 당신 입김
바라만 보아도 된서리
피우지 못한 꽃
　　　　　—꽃샘 추위

바이올린 웃음소리

잘하고 싶어 잘하려는 각오
주일마다 찬양대 앉아
활을 잡고 기도하는 마음

지판을 울리며 나오는 소리
E현이 부르려는 우렁찬 독창
A현이 따라와 가냘프게 부르는 합창

온 활이 놀라 가온 활
코드 잡은 손가락 힘이 들어가
뼉살이 노래하는 흐느낌

예민한 녀석 연습만이
강하게 여리게 쓰다듬어
장엄하고 당당하게 자리 잡고
오늘 듣고 싶은 바이올린 웃음소리.

나는

존재한다
나는

하늘별이
어둠 속으로 사라질 것 같아도
있어야 할 곳에 언제나 있다

그 섬의 바위
금세 물에 잠길 것 같아도
항상 그곳에서 반긴다

내 가슴속 꿈
드러나 보이지 않아도
한 줌의 재가 될 때까지 자란다.

이별

아침저녁 나누던 불꽃사랑

진흙아궁이 장작 피우면
불그레 가마솥 볼 흐르는 눈물
익어가는 밥냄새

인생보다 긴 말타래 입에 물고
아랫목에서 뒤척이는 할머니
빙글빙글 돌아가는 옛날이야기

삼대를 지켜보던
구멍 난 무쇠엉덩이
용광로에서 붉은 이슬로 사라질 때
함께 증발한 할머니 목소리

장작 타는 불길 따라
한 줌 가루로 흩어진
뜨거웠던 사랑과 이별.

대화 장날

평창군 중심 대화땅
있다 하는 유지들이 살던 곳

마평 모릿재 안미 장평이 모여
오일장마다 북적이던 곳

땅골산 화전민
잡곡 메고 내려와
땀띠 물에 등목하고
징검다리 건너오던 시장

영동고속도로 확장으로
서서히 식어버린 재래장터

화전민이 떠난 빈터
대형마트 찾아가는 젊은이
냉랭하게 죽어버린 대화시장

더위사냥, 광천동굴
주민이 일궈낸 땀띠공원 축제장
뜨거워진 상인 가슴 살아난 장날 불길.

아홉 살 자존심

앞, 뒷바닥 구멍 난 검정고무신

숨바꼭질 고무줄놀이
학교 다니며 놀러 다니던
고생 많은 발

내 짝꿍은 아버지가 소 장사 다니며 사다준
스파이크 운동화에 먼지 앉으면
호호 불어 손바닥으로 닦아 바르던
나일론 윗도리

내 곰발바닥에 모래가 몰래 들어오면
엄지발가락 걸어 뒤꿈치로 털고
강물에 뛰어들면 자연배수
한 자 나온 코 쑥 들이마시고 닦던
떡 진 무명소매

헝겊으로 된 하얀 끈 신발 신으면
날아갈 것 같은 푹신한 발이 될까
복도에 둔 신발 잠깐 신어본
물주전자 쟁반 들고 당번하던 날

그땐, 별표 생고무도 나에게 오면 안경.

제주 돔 하우스

하늘 길 무지개 따라
육지에서 날아온 나비

제비라고 명찰 단 가이드

거북이 자라 옥돔이
땅거미지면 만나자고
공항 호텔 식당 화장실 앞
전 지역을 친 거미줄

조명이 유혹하는 밤
부르지 않아도 모여든 곳
노란 물 하얀 물 마신 고기떼
음악에 취해 흔들리는 한마음

뚜껑 열린 하늘별 보며
깨끼발 든 나비 더딤이 흔들고
칠면조는 홰치며 허물 벗으니
분위기 함성에 무너질 듯한 하우스

환상의 놀이터 물 만난 고기

바람결에 거미줄 사라지고
유리성 벗어나니
물고기 집은 도깨비.

요양원에서

종일 침대에 누워
정신과 육신이 분리되지 않은
배냇저고리 미소는
빨랫줄마냥 늘어진
고운 생명

고물고물 벌레같이
갓 탯줄 끊은 아이처럼
사랑받기 위해 태어난 생명
욕심 없는 눈빛

규범의 테두리 속에서
경쟁했던 몸짓은
더 고운 옷 입고 사는
우리에게 준 과제

닭장 속의 닭
들판의 많은 맹수
가면만 벗으면
사람 짐승 알 수 없는 우리

멋진 옷차림 속의 포장된
품위와 아름다움도
결국 한 벌의 흰옷 준비임을.

풍경이 있는 지하철

잃어버린 여의주 성난 용

빌딩숲 사이로 소풍가는 개미떼
고운 단풍에 도심 기적 울리며
상자마다 견인 고리 끌어
캄캄한 터널 지나 향하는 정류장

안내 알 입에 물고
이번 역 시청, 다음 역 충정로
선장 입김은 캐리비안 베이 타는 파도

무질서 속의 질서
길 찾아 일 찾아 나선 발
이어지는 일 마무리한 길
돌아돌아 오는 개미굴

여의주 찾아 헤매는 용틀임.

낮술

고사리 손 끝
아슬아슬 매달린 노란 주전자
논둑길 하나씩 오를 때마다
출렁거림과 입맞춤

한 모금 두 모금 마신 술에
화장기 도는 예쁜 얼굴 걸린 마술
비틀거리며 오던 심부름

왜 나를 심부름 시키느냐
오빠가 잘못한 싸움에 나를 야단
배 밖으로 나온 간

부모도 몰라보는 낮술
처음 먹어본 술
처음 해본 주정.

술이 술 먹던 날

타작이 힘들다며 마신 술이
삼켜버린 아버지
사라진 아버지
소리치는 술

사철나무 울타리에게 '국민체조'
돌담에게 '차렷, 쉬엇' 구령 붙이니
돌대가리들 틀렸다고 헛발차기
'바보들아'

가족들은 이내 쥐 죽은 듯
고요 속으로 빠져든 벙어리

당신 세월만큼 살아온 오늘
술 한 잔에 웃음소리 창을 넘어도

등잔불 끄고 홍두께 감추던
그 시절이
아프게 그리워지는
술이 술 먹던 날.

콩

부모그늘 벗어날 나이

콩 껍질 속이 답답해
태양열보다 뜨거운
사랑이 불러 뛰어 나오니
흙먼지 비켜가며
데구루루 굴러가는 콩

맵고 고운 찰진 고추장
누렇게 엉킨 냄새나는 된장
검은 향기 조선간장
미끈한 다리 콩나물

가는 길이 다른 같은 재료

영글어 딱딱한
깨어질 듯한 타향살이
두부모처럼 반듯하길 기대하는
부모 심정

껍질은 기다려도 돌아오지 않는 콩.

미다스 손

○○차동차가
망치 하나로 자동차를 만들면
나는
스패너 하나로 수리했다

연중무휴
자린고비라 주위에서 말해도
오지에서 응급차량 통행하도록 고쳐줘
명절과 휴일 잘 보내고 귀경했다는
따뜻한 목소리 전화 한 통
손글씨 감사편지

정이 넘치던 20세기

발전하는 기술 마른 인심
지능자동로봇이 일하고

스캐너의 명령에도
내가 알아야 수동이 자동

지정 서비스 친절교육
전자화된 현대식 장비에도
날지 않고 굴러가는 자동차
아날로그가 필요하다.

  *미다스: 고대 전설에 나오는 왕

3.
허브나라

해송

경포해변 모래알보다
덩치 크고 작은 나이지만

야무지게 꼬인 키
바다와 육지를 순찰하는 해송

잠수함에 누가 오르내리는지
물고기와 해송은 알고 있지

톱날이 지킴이를 위협하고
그물망이 바다를 덮쳐도

무겁게 닫은 입
입력은 되고 출력이 안 되는
늘 푸른 해송.

메아리

아가야
네가 웃으면
엄마 아빠가 웃고
엄마 아빠가 웃으면
할머니 할아버지가 웃고
할머니 할아버지가 웃으면
삼촌도 이모도 세상이 웃는다.

삼대(三代)

삼십년 전
마당에서 놀던 아버지와 아들

얼마 전
아들이 아이와 놀이터에서 놀고

오늘 내
장정아들과 축소판이

눈앞에 서
닮은꼴로 오락가락 뒹군다.

거울

내가 웃으면 따라 웃고
네가 바쁘면 수선 떠는
내가 아닌 나

화장하면 예뻐지고
옷 입으면 멋을 내는
그림자 너

내가 늙으면 같이 늙어버리고
네가 아프면 먼저 찡그리는
너는 누구

가까이 있으면 잘 보이고
멀어지면 희미해지는
붙을 수 없고 떨어지지 않는
너와 나.

더위사냥

신기한 갖가지 오일장 좌판

교단으로 나가는 줄 알았던
K대학교 CC커플이
대화시장에 문을 연 체육사

먹물이 시골에서 얼마나 버틸까
적응기 훔쳐보는 색안경

속없이 히죽거리는 게 미워
드린 용돈에 보태주시며
가슴 치던 친정어머니

세 번 강산이 흐른 세월

더위사냥 축제장
딸이 쓴 소설 속 땀띠물
주인공과 풍경 찾아 짓는 미소.

먹물이 시골에서 얼마나 버틸까
적응기 훔쳐보는 색안경

속없이 히죽거리는 제 미워
드린 용돈에 보태 주시며
가슴 치던 친정 어머니
　　　　　— 더위사냥

땅굴
- 제주에서

뭉게구름에 굴러가듯
울렁거리며 발 닿은 섬
제주

용암이 남기고 간 화산굴
숨었다 드러난 흔적
한 민족의 애환인가

바람이 뚫었는가
눈물이 녹였는가
구멍 난 돌들의 슬픔

박물관에 진열되어
소리 없이 들리는 그 외침
표정 없는 얼굴들

그래도 내 마음 흔드는
영원한 천국
아름답고 평온한 꿈의 휴양지.

허브나라

회색빛 하늘이 쏟아져 내려와
천지를 덮을 듯한 날씨

나뭇가지마다 피어난
저 눈꽃

녹아 흘러내리더니
다시 얼어붙는다

빙판 위 얇게 깔린 눈길을 지나
오솔길로 들어서니
운전대마저 지레 겁먹는다

흥정천 계곡 따라 헤맨 허브나라
꼭꼭 숨어도 끝내 찾아낸
한 잔의 허브차

꽈리 틀고 피어오르는 허브향
찻잔에 분수처럼 솟아오르다
이내 사그라지는 그리움.

2박 3일

청소 빨래 며칠 후로 약속하고
술빵만큼 부푼 마음으로
함께 나선 캐리어

버스에서 바라보는 풍경
나이처럼 천천히 가기를 원하고
눈길 머문 곳엔 다가가고 싶다

달리는 차에서 더 빠르기를 바라던
여고 수학여행과는 사뭇 다르다
선생님 부모님 잔소리가 아닌
가정과 공부에서 벗어난 자유

찌든 때 되풀이되는 나날
부족한 소유의 허기진 주머니
모두 버리고 오랜만에 떠나는 해방감

감춰둔 끼 목청에 힘줄 세워
펴진 혀 꼬부리는 것보다
트로트에 익숙해진 세월

까르르 터지는 웃음 참지 못해
철부지가 되어버린 수다
공상에 빠져 웃다가 잠이 든다

2박 3일 채우고 담아서
지천명에 떠나본 문학기행
줍고 끌어안고 온 글감
이순 종심 망구도 낭만에 대하여.

그리운 잔소리

하굣길
헐떡거리는 검정고무신
노끈으로 칭칭 허리 동이고
책보자기 어슷하게
겨드랑에서 한 쪽 어깨로 조인
완전무장

경적 울리며
풍기는 기름 냄새
삼판차 제무시 꽁무니 발판 잡고 매달려
무임승차했다가 기사에게 들키면
하늘이 노랗게 날아오는 왕주먹

재수 좋은 날
팔이 아프도록 매달려 덜컹거리다가
먼지와 함께 떨어진 커브길

친구들보다 먼저 집에 온 십리길
팔꿈치 훈장 감춘 채
차 타고 왔다고 어머니께 자랑하니
걸어오지 않았다고 야단

신작로가
마을을 가로질러 나던 청년기
아스팔트 위로 승용차를 몰고 온 집
양보운전 조심 운전하라고 잔소리

고속도로 되어버린 장년기
잔소리 그리워 찾은 요양원
굽이굽이 잔소리는 사라지고
"내 아들과 함께 온 댁은 누구요?"
아들을 반기며 멈춰버린 굽이길.

경의선 숲길

역장 손에 든 바람 잃은 깃발
철로 혈맥이 잘린 채
깊은 잠 들어버린 땡땡거리

건널목 건너려고 머리에 올린 짐
엄마 등에 업힌 아기와 손잡은 아들
어른이 되지 못한 채 굳어버린 동상

신의주에서 서울까지 달려와 꿈꾸던
가난한 예술가들 기찻길 옆 판자촌
죽어버린 책거리의 끊어진 푸른 숨소리

잊지 말자 가꾼 숲길
오랜 잠에서 깨어
꿈을 싣고 달리고 싶은
청춘 경의선.

성인봉

오라는 이 없고
가야 할 이유도 없이
힘들게 오르는 산

깊은 숨 고르는 팔각정
내미는 손길 없어도
약속 없이도 오르는 정상

사계절 파수꾼 붉은 눈동자
섬피, 고로쇠, 너도밤나무에게
지나온 노고와 미래를 부탁하는 성인봉

맑은 공기에 업혀
감격에 젖지만
결국은 내려오는
해발 984m 울릉도.

울릉도

그곳에 가면 마음 한 편 떨리는 두려움

위험물이 있어 무서운 게 아니고
사나운 짐승이 겁나서가 아닌데
다른 섬보다 불안한 마음이 들까

누구에게든 들려오는 가슴속 대답

파도의 손 물귀신도
일본, 중국, 러시아인도 아닌
우리를 조정하는 것은 무엇인가

풍랑을 만든 그분을 만나지 못해서이다.

요양원에서 · 1

유치원은 사라지고
노인정이 늘어난다

월남전, 중동 사막건설과
수출로 다져놓고 드나드는 노치원

지쳐도 내 주머니가 두둑해야지
어디서든 살아남는다

버는 대로 나라에 의무하고
모은 재산 자식에게 주는 문화

마지막 배웅하는 곳은
요양원 가족뿐인가.

요양원에서 · 2

주치의의 바쁜 손놀림
간호사의 잰걸음

휴전한 몸은
허리케인 뒤 잦아드는 고요

수차례 긴 도발에
종전이 그립다.

출산

낯선 곳이 두렵다

가기 싫어도
아늑한 독방 나서면
휑하니 넓은 세상

순산이라며 모두 다 반긴다

할 수 있는 건
두 주먹 꼭 잡고
소리쳐 우는 것밖에

돌아가고 싶고 무섭다

겁에 질려 매달리는데
엉덩이 때리고 자르는 탯줄
이젠 혼자 힘으로 살아야 한다

고생이 태어난다.

# 4.
홀로 가는 길

약속

길 따라
선 따라
신호 따라
지키는 약속

무인단속 카메라
방범용 CCTV
블랙박스 없이도
지키는 질서

'이쯤이야' 했다가
달려오는 불행보다
무언 속 행동 양보에
들어오는 행복.

장례식

무겁게 받는
마지막 예우

그림자와 작별하는
점화실 풍경

하나 둘 잊혀가는
이름 석 자.

홀로 가는 길

굽이굽이 가슴에 새긴 흔적
뜻 없이 달려온 초행길

실개천이 개울 될 때
부모님과 동생 위해 흐르던 물

흘러흘러 강을 이루니
자녀들이 올린 돛단배

당기지도 밀지도 않는
기쁨으로 찾은 종착
넓고 탁 트인 바다

풍요롭고 아름다운
짧았던 수중여행

영원한 내 편에게 미안해
한마디 눈짓도 못한 채

바다 속 깊이 들어가
오염과 싸움에 패하여
수증기로 증발돼
홀로 떠나는
먼
길.

  *패혈증으로 3일 만에 요단강 건너신 사돈

떨고 있는 단풍잎

어머니 닮아 기우는 해
서산 단풍이 삼켰다

슬픈 어둠이 구름을 타고
눈물이 되어 뚝뚝 떨어진다

풀어헤친 흰 머릿결
검은 산허리 감아 스산하다

두려움이 하얗게 내린 밤
작은 입김에 주저앉을 것 같다

이 밤 저승바람 몰려올까봐
파르르 떠는, 준비된 단풍나무.

두려움이 하얗게 내린 밤
작은 입김에 주저앉을것 같다

이 밤 저승바람 몰러왔는가봐
파르르 떠는, 준비된 단풍나무
—떨고있는 단풍잎

측량

그어야 할 선
넘어야 하는 산이다

욕심이 선을 넘어
땅 따먹는 잣대로 재는

나의 산 너의 산은
나의 선 너의 선이다

팔자는 큰아들 술 힘을 빌리어
어깃장이 뱉는 거침없는 말

조상집 헐어 화장하자며
휘두르는 서슬 퍼런 낫

선산이라며 동생들이 쳐놓은 선
한결같은 묵언 속에

심장에 박힌 칼날
쫒는 산 지키는 산

보이면서도 보이지 않는 선
구분하여 긋자.

여행

좋을 줄 알았던 곳들

허공에 뜬 마음으로
높게 달려 멀리 간 길

돌아와 보니

지지고 볶고 사는
내 집이 진짜 여행지.

동해안 섬

가까이 가면 멀어지고
변하는 듯 변하지 않는
파도의 울릉도

햇빛이 해무에게
다가서면 사라지는
술래잡기 독도

수 없는 날 속에
오늘도 꿋꿋이 옛주인
기다리는 대마도

동해 섬 깊은 곳까지
수놓는 이순신 혼이
해병대 꿈을 키운다.

암을 물리친 산

가시로 피운 꽃

무너졌다 하늘이
때 아닌 장미꽃 떨어지는 소리

나라를 끌어안고 세계를 품으며
밖으로만 돌던 벌이
낙화 후 울지 않으려고 찾은 산

이른 서리 맞은 꽃과 벌이
오르다가 힘들면 누워서 하늘 보고
누워도 힘들면 흙에 엎어져
지나온 날 생각하면 옹달샘이 만드는 강

추락하는 꽃잎 건지는 동아줄
하늘 땅 물 나무 누구인가

병든 잎 푸르게 바뀐 건
쿡쿡 쏘던 벌이 아니고 산

가슴으로 다시 꽃피운
평창의 산
그는 나의 어머니.

 *하서문학 회원 암 완치 김주인 님

가을 설악산

청춘을 태우려고 올라간 설악산
붉은 산천은 하늘과 멀어져 간다

석양을 받으며 다가온 달콤함
내 마음도 콘도에서 단풍이 든다

세월만큼 형형색색 물든 옷차림
송이주에 물든 중년의 얼굴이다

아름답던 단풍이 떨어지면
피할 수 없는 상고대가 기다린다.

사윗감

자로는 2%쯤 넘쳐도
무게는 2%쯤 부족해 보이는
내 저울추엔 딱 들어와 맞지 않는
보석들

이리 보고 저리 봐도
도무지 채워지질 않는
허전함 속에

혹여
내 마음 저울이
너무 낡았거나 고장난 건 아닌지…

빈집증후군

농익어 벌린 입

꽃샘추위 몰아치고
불청객 돌팔매 방문
가뭄에 태풍 후려쳐도
끝까지 매달린 밤송이

가을빛 과실들 제각기 하는 일 중에
밤송이 알 영그는 일에만 몰두
살충제 살포 없이 청설모 침입 막아내
야무지고 반짝반짝 잘 자란 열매
알밤 남매 지킨 밤송이

가시껍질 속에서
가출해 찾은 자유
외투 속옷 다 벗은 우윳빛 생률(生栗)

넓은 세상 달콤한 꿀과의 찰떡궁합

알밤이 떠나고 난
텅 빈방에 자리 잡은
빈집둥지증후군.

다문화가정

거북이 등보다 더 쩍 쩍 갈라진 경제

이슬보다 강한 사랑으로
가뭄 속에 찾아온 구원의 손

아버지 같은 남편이
단비로 촉촉이 채워줄
희망 줄에 달려온 천국

소나기처럼 퍼붓는 일거리
아이가 되어버린 시어머니
대를 잇기 바라는 시선들
번개로 독촉하는 천둥소리
고향의 해갈

마지막 기근으로 알고
봇물 터질 듯 쏟아지는 행복 찾아
지내는 하루하루는
선녀와 나무꾼 되어버린 신드롬.

감

질풍노도에 멍들 줄 모르고
불그레 볼기에 살 올라
보석으로 필 때

자궁처럼 아늑한 아랫목
이불 씌운 항아리 속
초야

하룻밤 첫사랑

필 꽂혀 빠진 세계
열병이 강하면 곰보
숙성 동아리 곰삭으면
백화점대학교 과일학과
모델.

지하철

출발지
종점도 없이 종일토록
이무기가 배회하는 도심

아침저녁 목 터지게 들어오는 먹이
터널연착 후 무겁게 달리며
흔드는 꼬리

옆구리 터져 배설물 토하면
또 들어오는
소화불량

기어 다닌 뱃살 떨어진 발가락
지친 몸
약 바르고 밴드 붙여 다시 달리는
시민 발 2호선.

상생

큰 나무 아래는
누가 살까

큰 나무 아래는
아무도 못 산다

큰 나무 아래는
바람 비 빛이 없어
모든 식물이 못 산다

큰 나무 아래는
평상과 그늘이 있어
어른들의 쉼터

큰 나무 아래는
잡초가 자란다.

5.
여우비

벚꽃

상춘객이 반갑다고
이 방 저 방에서 모여든
활짝 핀 꽃

근육운동 웃음치료보다
소풍 온 도시락으로
향하는 눈길

어제도 내일도 잊고
이 순간 환한 웃음 지으시며
청순한 소녀가 되어버린 요양원

수십 년 후 나도
내 자식 네 자식인지도 모른 채
낯선 얼굴 반기며 벚꽃 미소 보낼까.

메달나무

큰 뿌리 잔뿌리
흩어져 자리 잡은 지구촌
평창으로 모여든 손님

얼음 뼈에 눈살 입힌
2018평창 동계 올림픽
얼음메달 나무

형형색색 열다섯
평창 정선 강릉
꽃 피워 맺은 열매

축제의 장 보물들
마음껏 즐기는 눈꽃마을
메달사냥.

빛의 흐름을 따라서

꼬부라진 등 찌그러진 화상 자국

기름 아끼라는데
숙제한다며 공책 위에 엎드린 장남
머리맡에 등잔 놓고 연필 쥔 채
잠시 든 새우잠

폭발하는 등잔불길 잡아도
때는 늦어 등에 핀 피부꽃
가르쳐야 산다는 부모님 신념
눈뜬장님

백열등 요금이 무서워
뚫은 벽 사이로 흐르는 반쪽
형광등 빛을 받아 공부하는
책벌레들

책상마다 달린 스탠드
의자에 앉아 편히 공부하던 대학
LED조명 받고 일하는 연구
퇴직을 앞둔 안경 너머 모니터

빛의 강도만큼 사회를 밝히는 광채.

소나무 옷 담쟁이

늘씬한 허리 휘어 감고
얼굴까지 올라와 쳐다보며
혀를 날름거리는 구렁이

여름에는 푸른 등
가을에는 붉은 꽃수로
숨통조이는 사탄

비바람 흔들고
뙤약볕 흘린 땀 폭포수에도
떨어질 줄 모르는 원수

뿌리 둘 이룬 한 몸
시샘하는 상고대 다가오니
줄기만 남고 사라진 당신

그대 떠난 후
샴쌍둥이 홀로새운 밤들
오늘도 맨발로 서서 갈아입는 옷.

겨울 창

꼭꼭 싸맨다
싸늘한 당신을
겹겹이 보이지 않도록

호시탐탐 노린다
틈만 나면
들어오려고

안 밖을 봉했다
비닐과 테이프로
막고 막는 공기 한 점

빛이 두드리는 소리
열어 제치는
겨울시신.

특혜 받은 뱀장어

요리조리 친구 따돌리고
호수까지 온 미꾸라지

고래에게 쫓긴 오징어는 새우를
고등어 떼 밀려서 도망친 멸치

오징어 고등어 멸치는 미꾸라지와
만날 수 없는 운명

호수와 바다를 잇는
경포다리는 죽음의 문턱

꿈을 안고 온 넘지 못할 38선
함께할 수 없는 분단

뱀장어는 긴 몸 휘저으며
민물과 바닷물을 오간다.

팽이

채찍이 있어야 사는
한쪽 달리기에 길이 든
팽이의 몸부림

산 그림자 내린
대형마트
프랜차이즈 골목상권 덫

겨울에만 놀던 천수답
사계절 놀이터 아이스링크
변해야 될 투자자의 얇은 주머니

제자리 돌기 얼음판
삼색 옷 춤추는 구슬땀
재래시장.

겨울에만 놀던 친수담
사계절 녹이던 아이스 링크
번해야 될 투자자의 얼굴은 주어데

세자리 돌기 얼음판
삼색 옷 춤추는 구슬땀
재래시장

— 팽이

우통수를 찾아서

한강에는
가시고기, 병들어 등 굽은 고기
뽀끔 거리며 사는 오염된 도시 집

흙탕물에서 청정고을 찾아
쉬리와 퉁가리의 떠나는 여행길

험한 물살, 상처 난 꼬리로
오던 길 달려가는 일행을 바라본다
먹이 유혹, 뜰채로 들어가는 퉁가리
노을구경 점프했다가 투망 걸린 쉬리

깨끗한 바위 밑에 알을 낳고
검룡소와 우통수가 만나는 조양강
진부 오대천, 동산리 오르니
월정사 상원사 둘레가 물고기들 천국.

시소놀이

봄날 놀이터
다섯 살 오빠 세 살 누이
무게에 맞게 들어앉은
시소의자

누가 먼저
올라가고 내려올까 기 싸움
한참을 견제하는 오누이
몰래 엄마가 눌러주는 판

양쪽 무게
알고 계신 엄마의
손길 따라
달라지는 놀이.

아소산

바람난 딸
소문나면 부끄럽다고
이발기로 아소산을 만든 머리

땅거미 내리면
머리에 스카프 두르고
고양이 눈이 되어
호시탐탐 노리는 대문

돌아오지 않을 들고양이가 되어

못 말리는 사랑 온도
화산이 폭발해 용솟음치고
온천수가 되어버린 핏줄
머릿속은 마그마로 엉키는 혼란

반백년의 짧았던 삶
뜨거웠던 둘만의 사랑
한 마리 날아가 버린 새

아소산 원형탈모로 남아
안타깝게 속을 태우는
그리움.

세탁기

때 묻은 옷
세제와 싸우는
전쟁터

행군하는 통돌이
토하는 검은 피

관심사병 탈진하니
뽀송한 항복
반짝이는 때깔

동반입대 충성을 맹세한
영원한 나의 동지
세탁기.

모자

궁금하다 그 속이

기름때 흐르는 숲일까
혹한과 땡볕을 피하는
민둥산일까

몰라야 할 바깥일
처자에게 입 다물고
감추는 침묵의 헛기침

나는 오늘도
속 알맹이 들킬까봐
모자 속을 감춘다.

상처

상처를 수술했다
오래전 생긴 마음에

다 나은 줄 알았다
제거하고 봉합했으니

고름이 나온다
아문 상처를 누르니

항생제를 높여서 치료했다
주지도 받지도 말아야 할 고통

마른 아픔이 나온다
아주 여리게.

홍시

꽃샘이 부른 산머리
봄빛 미소에 푸름이 운다

실크 피부에 보톡스
명품을 걸쳐도 채울수록 허기지는
외로움의 꽃샘추위

싸늘한 날 보따리 싸지 못해
거스를 수 없는 세월은 흐르고

움 터고 잎 자라
드디어 꽃 피운 숨결

질투의 시샘도 끄떡없이
붉은 속살 드러내며
홍시로 익어간다.

축복이

십수 년 전
경쟁에서 내게 온 딸

오늘 딸에게 온
소중한 꽃 한 송이
양가에서 축복받는 기쁨

환하게
꽃잎 날리는 환희
초음파 사진

내가 엄마 딸이라
평생이 행복했다 하시던 어머니
나도 같은 마음으로 살았는데
딸도 그렇게 살 거다.

　*축복이: 태명

여우비

웅성거리는 복도
창밖 햇빛 사이로 여우비 내린다

"어머니가 우산 가져올 학생은 기다려라."
맑고 고운 선생님 목소리다

지나는 비 피해 가려던 마음 접어 감추고
오실 수 없는 어머니를 기다린다

친구들 하나둘 어머니 우산 속으로 사라지고
나는 늘 혼자다

혹시나 하던 기다림
그리움 하늘 가득 삼키며 여우비와 동행한다.